改革大师——王安石

◎ 主编 金开诚

◎ 编著 马艳秋

吉林出版集团有限责任公司

吉林文史出版社

图书在版编目（CIP）数据

改革大师——王安石 / 马艳秋编著 . 一长春：吉
林出版集团有限责任公司，2011.4（2022.1重印）
ISBN 978-7-5463-5022-6

Ⅰ.①改… Ⅱ.①马… Ⅲ.①王安石（1021～1086）
－生平事迹 Ⅳ.①K827=441

中国版本图书馆 CIP 数据核字（2011）第 053454 号

改革大师——王安石

GAIGE DASHI WANGANSHI

主编/ 金开诚　编著/马艳秋

项目负责/崔博华　责任编辑/崔博华　许多娇

责任校对/许多娇　装帧设计/李岩冰　赵　星

出版发行/吉林文史出版社　吉林出版集团有限责任公司

地址/长春市人民大街4646号　邮编/130021

电话/0431-86037503　传真/0431-86037589

印刷/三河市金兆印刷装订有限公司

版次/2011 年 4 月第 1 版　2022 年 1 月第 5 次印刷

开本/650mm×960mm　1/16

印张/9　字数/30千

书号/ ISBN 978-7-5463-5022-6

定价/34.80元

前　言

　　文化是一种社会现象，是人类物质文明和精神文明有机融合的产物；同时又是一种历史现象，是社会的历史沉积。当今世界，随着经济全球化进程的加快，人们也越来越重视本民族的文化。我们只有加强对本民族文化的继承和创新，才能更好地弘扬民族精神，增强民族凝聚力。历史经验告诉我们，任何一个民族要想屹立于世界民族之林，必须具有自尊、自信、自强的民族意识。文化是维系一个民族生存和发展的强大动力。一个民族的存在依赖文化，文化的解体就是一个民族的消亡。

　　随着我国综合国力的日益强大，广大民众对重塑民族自尊心和自豪感的愿望日益迫切。作为民族大家庭中的一员，将源远流长、博大精深的中国文化继承并传播给广大群众，特别是青年一代，是我们出版人义不容辞的责任。

　　本套丛书是由吉林文史出版社和吉林出版集团有限责任公司组织国内知名专家学者编写的一套旨在传播中华五千年优秀传统文化，提高全民文化修养的大型知识读本。该书在深入挖掘和整理中华优秀传统文化成果的同时，结合社会发展，注入了时代精神。书中优美生动的文字、简明通俗的语言、图文并茂的形式，把中国文化中的物态文化、制度文化、行为文化、精神文化等知识要点全面展示给读者。点点滴滴的文化知识仿佛颗颗繁星，组成了灿烂辉煌的中国文化的天穹。

　　希望本书能为弘扬中华五千年优秀传统文化、增强各民族团结、构建社会主义和谐社会尽一份绵薄之力，也坚信我们的中华民族一定能够早日实现伟大复兴！

目录

一、天才少年初试高中

（一）少年时代

王安石（1021－1086年）字介甫，晚号半山，小字獾郎，抚州临川（今属江西）人，世人又称王荆公，封荆国公。他是北宋杰出的政治家、思想家、改革家，唐宋八大家之一。

宋真宗天禧五年（1021年）十一月十三日的清晨，天刚蒙蒙亮，临川军判官

的衙门之内一派忙碌，临川军判官王益的妻子吴氏临盆了，生下了一个结实的、皮肤异乎寻常黑的男孩子。

孩子的父亲王益27岁，母亲吴氏今年刚刚19岁。吴氏是王益的续弦，第一个妻子留下了两个男孩，早早就去世了。王氏家族并非豪门大户，也不是名门贵族。王益是个中层官员，一直在各地做知县、知州。王益很有魄力，所任之处，政绩大抵不差。他为官清廉，做了一辈子官，却不置田产，只靠有限的官俸维持家庭生活。由于没有田产，他每调任一处，就拖家带口，一起前往。这给王安石留下了深刻的印象，在他以后的为官生涯中有着很大的影响。

王益22岁进士及第（后来王安石也

在这个年龄及第），做了二十几年的地方官。他做官时对属下约束很严。和一般动不动就抡起板子打人的州县官吏不同，王益做官判案很少动刑。他教育孩子也从不进行体罚，而是耐心地讲道理，这在中国传统家庭是非常少见的。他给王安石的成长提供了宽松自由的家庭环境，也为王安石创造了难得的学习氛围。

王安石一生下来就不缺玩伴。王益前妻谢氏所生的安仁、安道这时已经长成大孩子了，他们对新出生的小弟弟非常照顾，小王安石刚刚会走就成天跟在两个哥哥屁股后头。此后的几年内，王安石的弟弟安国、安世、安礼、安上和三个妹妹相继出世，王益官衙的院子里

一天比一天热闹，一群孩子整天在院子里玩过家家，玩各种各样自己编出来的游戏，打打闹闹，叽叽喳喳。王益忙完了公事，有时也出来和孩子们玩一会儿。和一般家庭里的"父严母慈"不同，他对孩子从来都是和蔼可亲的，很少有疾言厉色的时候。相反，吴氏对孩子管教得倒严厉一些。当然，这并不是说他不重视孩子们的教育。王安石后来回忆说："（父亲）从没有发怒体罚孩子的情况。他经常在吃饭的时候和颜悦色地为我们讲做人为什么要孝悌仁义,讲历朝历代兴亡治乱的缘由,讲得很动听。"而王安石的母亲吴氏也不是一般的家庭妇女,她识文断字,喜欢读书,知识颇为广博,而且做事有决断、识大体。王安石的好朋友曾巩称她"好学强记,老而不倦。其取舍是非,有常人所不能及者"。吴氏是王益的继室,却对前房所生的安仁、安道关心照顾得胜过自己亲生,由此可见她的品质和为人。父母亲的为人处事潜移默化地影响着王安石。

因此,在这样的家庭氛围下,王安石和兄弟姊妹们的个性都得到了较为自然的发展。王益的七个儿子中有四个中了进士,这在整个宋朝乃

至整个中国封建社会历史上都是非常罕见的。

王益为人果敢，颇有政绩，敢于打击大户豪族，维护底层人民利益，从不热衷功名利禄。他为官一直有功成身退的思想，对仕途上的升迁腾达并不十分在意。应该说这些特点在王安石身上或多或少有所体现。王安石步入仕途后很长时间没有汲汲求进，应该与此不无关系。

王家在临川没有待太长时间，王安石出生后不久，就开始随父亲宦游各地，足迹几乎遍及中国南部。从临川到新干再到庐陵，他们走遍了大半个江西。9岁那年，他随父母到苍翠遍野的广东韶关，12岁时又到山清水秀的四川新繁，16岁去过首都开封，17岁

随父乘舟东下江宁。可以说，王安石的青少年时代是在不断的旅行中度过的。读万卷书的同时能行万里路，遍历名山大川，周览各

地人情，体察各阶层人的生存状况，对王安石眼界的开阔，注重实际的思维方式的形成，起了相当重要的作用。

　　王安石智力超群，记忆力出众，虽然9岁才启蒙，但学业进展得异常顺利。私塾老师对他实行特殊的政策，给他人限定课程，对他则比较放任，允许他根据自己的兴趣扩大阅读范围。天才与勤奋是分不开的。王安石从小就对知识表现出了异乎寻常的兴趣。由于家庭教育和天性的原因，王安石不是那种爱玩的孩子，每当下课后，当别的孩子急急忙忙跑出去荡

秋千或者摔跤的时候，他还是一个人静静地在教室里，读书读得入了神。这个勤学好问的学生，经常让老师为难。因为他经常会提出一些稀奇古怪的问题，让老师头疼不已。然而老师是不会生他的气的，因为这个学生年纪虽小而文章气概不凡，议论别开生面，让他赞叹不已。

少年时代的一件异事给了他一生的影响，那就是著名的"伤仲永"。方仲永的家就在他舅舅家的村子，这个5岁的"天才神童"被发现天资超常后，他的父亲把他当成了生财之树，整天带着小仲永在乡里这个大户家到那个大户家表演"作诗"的才能，却不让他及时入学，结果不出几年，这个"神童"就成了一个再平常不过的孩子。王安石13岁那年，在舅舅家见到了这位闻名已久的"神童"，那时，"神童"已经12岁了，王安石出了个题目让他写诗，结果大失所望，远不如传说中那么出色，只不过是尚能文通字顺而

已。又过了几年，王安石向舅舅打听方仲永的情况，得知此人现在已经和村子里的普通农民一样，忙着下地干活，学会的东西早忘光了。

这件事在王安石头脑中印象深刻。事实证明，没有什么真正的"天才""天命""天之安排"，上天是不会对一个人负责到底的。后天的努力要比先天的禀赋重要，人的主观能动性是成功的关键所在。从那之后，王安石一连五年，在江宁家中闭门苦读，这个孤傲少年的毅力和才气是惊人的。在这五年中，他主要靠自学，阅读了大量典籍。随着眼界越来越宽，加上对自身才华非常自信和王家比较宽松自由的学习氛围，王安石渐渐走上了"离经叛道"之路。所谓"离经叛道"，是指他越来越讨厌历代俗儒们对传统经典的庸俗化解释，越来越反感他们泥古不化、刻板

教条的眼界。他在熟读儒家经典之外，用更大的心力去读被时人认为是"旁门邪说"的先秦诸子之说。正是在韩非子、墨子、老子这些被历代排斥的大思想家那里，王安石发现了丰富的精神资源，接受了这些智者营养丰富的精神遗产。对一般儒者认为是荒诞不经的佛教，他也认真去读。王安石走上了和当时大多数人迥异的治学之路，这正是时人大多随流俗而去，而只有他事业影响千载、文章流传百世的原因之一。

（二）进士及第

1039年，王安石19岁，父亲王益病逝于江宁，年仅49岁。王益的死对王家的打击是巨大的。王益一生为官清廉，不治产业，江宁知府的官俸是一家的主要经济来源。他一去世，王家立即陷入了贫困当中。王安石有生以来第一次体验到贫困的滋味。王益的死给王安石的另一个影响是耽误了他参加科举考试。本来，以王安石的学力和才华，是很有希望早一点北上应试博取功名的，但这时只能等三年孝满才能入都了。

1041年，王安石离开江宁北上，入京应试。这次北上经历在王安石生命中留下了深刻印记。他路过淮河的时候，正值淮河水灾。洪水淹没了沿河四府十二县。一路所见尽是水乡泽国。平原之上，大片的农田被淹在水里，刚刚灌浆的水稻浸在水底，成片地死去。逃难的农民成排地站在路上，向过往的行人讨要食物。无人收拾的尸体一天要见到好

几具。然而除了为数不多的几个施粥铺，没见到其他救助活动。王安石不禁深为惊讶。据他所知，大宋非常重视荒政，历代以来已形成一整套完整的救灾措施。在各地都设有常平仓和广惠仓，用来储存粮食，供灾荒时使用。可是沿途他并没有见到赈济机构。这给年轻的王安石以很深的触动。

十月中旬，王安石抵达东京。虽然他待过的江宁也是东南大城市，但是一入东京，他为这个大都市的繁华而惊讶。还没到城门，往城外汴河码头取送货物的马车就已经挤满了道路。一进城门，各种商店酒楼的招牌旗帜立刻让人眼花缭乱，可并排通行五辆马车的天宁市街人潮汹涌，车水马龙。

王安石投宿的庆远客栈里住的大多都是举子。每年的这个时候，是客栈生意最火的季节，从全国各地千里迢迢赶来的举子聚集这里，为自己的一生和前途做关键一搏。整个庆远客栈里到处都是南腔北调的喧闹，有的在夸张地寒暄，有的旁若无人地大声读书，也有的已经找到同好聚在一起打起了纸牌。看着这些陌生的面孔，王安石想："这些人里面应该有些许人中之龙吧！毕竟，他们都是读书人中的精英人物。"

在客栈里，王安石结识了他的同乡举子曾巩，两人情投意合，相见恨晚，他们对国家、民族、时政等的看法出奇的一致，聊了整整一个下午。特别是谈到大宋国势的衰落，谈到士人的没有气节，两人越谈越投机，转眼天黑下来，曾巩提出要看王安石的文章。

一番客气之后，他们米到王安石的房间。曾巩看着王安石的文章，不禁读出了声来，而且声音越来越响亮。读完，他真诚地做了一番评价，高度赞扬了王安石的文章。然后，他问王安石可否将文章拿回去看看，想推荐给欧阳先生。

王安石有点惊讶："你是说文章泰斗欧阳修先生吗？我的东西不好污他的法眼吧？"曾巩说："这个你就不要担心了。给我吧！欧阳先生非常乐于汲引后进。"

几天之后，曾巩又来了。一进门就兴冲冲地对王安石说："欧阳先生非常欣赏你的文章。"王安石不禁大喜过望。欧阳修是如今天下众望所归的文章泰斗，被天下文学之士奉为宗主，开一代新风。目前又在朝廷担任要职，他乐于汲引后进、推荐人才是举世所知的。得到他的肯定，确实让人大喜过望。

欧阳修对王安石文章的褒扬传出去之后，王安石立刻名满京城了。他的作品开始被人们传抄，很多举子也慕名前来想结识他。王安石从一个普通的举子一下子成了小小名人。虽然从小在地方上就有文名，可是名噪京师还是让他有点受宠若惊。不过一开始的兴奋过去之后，他立刻就批评自己没有内力。大丈夫当以圣贤之心为心，一点点虚名算得了什么。他强迫自己收下心来，认真准备考试。文章与命运并不同步，虽然文名已起，可并不能保证你就能高中，多少文学之士一直考到白头也不能及第呀！

庆历二年初，举子入闱。王安石三场下来，自觉还算发挥了水平。王安石这科是庆历二年三月发的榜。虽然对自己的考卷还算满意，王安石心里还是忐忑不安，毕竟在考场上什么情况都有可能发生，万一主考官不喜欢自己的文风，或者正好批到自己的卷子时主考官疲倦麻木，草草一眼就掷到了一边，就只好等到下一科再来一试了，

自己卷子的开头可是略显平平呀。如果是这样，失望的不只是他一个人，而是整个家庭，是对自己期望甚高的母亲和兄弟呀！

就像历科考试一样，发榜前都会出现种种传闻。这些传闻出自何方没人知道，不过往往惊人地准确。就在发榜前两天，王安石听到有举子告诉他，他极有可能高中本科状元。在送给仁宗皇帝御览的卷子中，据说王安石排在最前面。如果仁宗首肯，那么王安石就是一甲第一名进士了！发榜那天，王安石没有去，他派自己的书童去看。倒不是害怕自己考不中，而是不愿和那些赌徒一样的人到榜前去挤。

书童的脚步声出现在门口，王安石站住了，他不想让书童看见他焦急的样子。

"吭"的一声，门被推开了，书童兴奋地跑了进来。

"相公！你中了第四名进士！"

第四名？连三甲都没进。看来不是传闻就是皇帝不太喜欢自己的文章。当今皇帝出名的仁柔，对于他矫健刚硬的文笔不欣赏也不出意外。再说，以诗赋取士的今天，中了状元也说明不了什么，自己又何必失落呢？无论如何，自己算是可以扔下这块敲门砖，从今以后有了施展才能的机会，同时他也给了家庭一个满意的交代。

后来曾巩告诉王安石，原来王安石是第一名，这是他从欧阳修那里听来的消息。原来在进呈御览的时候，王安石的卷子确实被排在了第一名。但仁宗皇帝览读之后，不喜欢他文风的刚硬，因而御笔定为第四名。

二、出任地方官

（一）无聊的首任

朝廷的任命终于下来了。王安石被任为"淮南签判"，任职地在扬州。告别了曾巩等朋友，他即日乘舟南下，开始了地方官生涯。王安石刚刚入仕，满怀期待能有所作为，到了任上，却大失所望。原来，"淮南签判"的职责就是为淮南知州韩琦做幕僚，具体不过做些收收发发整理

文件的工作。一天的工作一个时辰就做完了，剩下的时间都是空闲。

没有事可做，王安石只好收起雄心，专心读书。那时许多读书人一入仕途，读书的任务即已完成，就开始诗酒笙歌，放任自己了。王安石却很少参加府里其他幕僚们的宴饮，大多数时间依旧力学不已，显得有点不合群。这时的读书没有了应试的任务，完全是兴趣所在，所以读起来兴致盎然，往往通宵达旦。第二天快天亮时略睡一会儿，时辰一到，匆匆擦一把脸就去衙门。王安石平日对自己的衣着就不太注意，经常穿得比较邋遢。有几次读得太晚了，第二天起不来，脸也来不及擦，衣服带子胡乱系着就去上班。好几次都被知州韩琦撞上。韩琦对这个第四名的进士本来颇有好感，现在也不禁有些生气了。有一次索性叫住王安石教训了一顿："介甫，你正年少，有时间的话不妨多读读书，这样放逸自己太可惜了！"

王安石知道韩琦是以为自己夜里和同僚们喝酒赌博了，不禁有些气闷。可当着这么多人的面也不好说什么，只好一笑了之。

1043年，王安石23岁。这一年他请假回家，一为省亲，一为成亲。同那时的绝大多数人一样，他的婚姻是父母之命，媒妁之言。妻子是王安石母亲的亲戚，姓吴，当年19岁。王安石是个讲究礼法的人，婚礼如仪，婚后的感情和谐而平淡。王安石谨守当时的道德规范，于女色无所用心，终生未娶妾，也终生没有写过一首关于妻子或其他关于男女感情的诗。结婚第二年，王安石得了一子，取名王方。

（二）鄞县知县

1047年，26岁的王安石被任命为鄞县知县。鄞县也就是今天的宁波。应该说接受这个任命时王安石的心情是愉快的。他做了三年淮南签判，清闲而乏味，而今终于成了握有实权的地方官，可以稍稍展现他埋在心中多年的理想，他有一种羁鸟出笼的兴奋和喜悦。

1046年，王安石回京述职。1047年，携家人由京师赴鄞县知县任。这两年都是大灾之年。自1046年秋至1047年春，北方发生大面积旱灾，农民因无雨无法播种，大片大片的农田被荒废了，千里赤黄。成批成批的灾民离开家乡，外出逃难。王安石亲眼看到难民们大批地拥挤在集市上，为抢一个馒头而打得头破血流。见到此情此景，伤灾悯农之情油然而生，带着这样犹豫的心情，王安石来到鄞县任所，从此开始了三年知县生涯。这三年经历，在他的政治生涯中具有非常重要的意义，对他执政之后的政策方针有很大的影响。

王安石在鄞县县任上主要做了三件事：兴修水利、预演青苗法、兴办学校。

兴修水利。鄞县当时是一个穷僻的海滨小县，旱灾同样蔓延到了这里，王安石到任之后，就立刻投入到了救灾之中。他做的第一件事就是清理县库粮食存量，调查各地灾情，然后分不同情况，予以赈济。

王安石为政，喜欢深入民间，亲身体察民瘼。到鄞县三天之后，他不顾长途旅行后的劳累，亲自下乡分发救济粮。以他的经历见闻，他深知如果没有严格监督，很难保证粮食能发放到灾民手里。一连十多天，他走了五个乡。那时的

交通十分不便，很多地方是羊肠小路，他就和差役一起步行前进，十分辛苦。但想到自己的职责，又怎么能逃避退缩呢？

经过考察，王安石发现鄞县并不缺水，只是没有储水设施，雨过之后，立刻归入大海了。王安石决定由县政府出面组织大家兴修水利，修建储水、引水设施，同时疏浚河道，以利雨多时排水。说干就干，王安石到鄞县第二年是个丰收年，秋收之后，他开始组织农民动工兴修水利。他首先走遍全县，做实地调查，为各处水利建设做出规划。王安石此行历时一个多月，行程一千多里。风餐露宿，夜以继日，不辞辛劳。可以说，知县中像他这样以百姓之心为心，汲汲求治的并不多，能像他这样吃苦的更少。

这一年，在他的主持下，全县修了大小水利设施二十一处，大大提高了抗灾能力，在后来发挥了很多作用。这年冬天，王安石在《上杜学士言开河书》中，提出了反对官吏因循苟且、提倡为民兴利的思想，这正是以后变法中的基本指导思想。

青苗法预演。在第二年春天，王安石开始了一项意义重大的试验。面对农民丰年勉强糊口，灾年颗粒无收，还要向富家大户借高利贷，深受剥削的现实，王安石突发奇想：与其每年任由大户用高利贷盘剥百姓，何不如官府把粮食借贷给百姓，利息大大降低。这样，老百姓就从高利贷的桎梏中逃离了。而官府有了收益，推行这件事的动力也就有了，官仓中放了几年的粮食也能够得到周转，岂不是一举三得！

于是，他派人在各乡贴出告示，宣布家中缺粮的百姓可以到县上来借粮吃，秋天收获了再

还，利息是两成。

布告贴出后，立即轰动了乡里。由于王安石在兴修水利时树立了威信，百姓积极响应，县城近郊的许多农民拿着口袋来到官仓要求借米，王安石亲自在官仓指挥发放。他要求每年以村为单位，统一借贷，统一偿还，以便于操作。前来借贷的农民很快由近郊发展到远乡，通往县城的路上到处是背着口袋兴高采烈的农民。到了这一年的秋天，许多农民不用官府催促，自发地前来归还粮食。还粮路上，人们络绎不绝。

兴办学校。王安石十分重视地方教育，从儒家观点来看，教育是教化人向善的重要手段，是官府的重要责任。他到任的第

二年，就拨款修复了校舍，请地方名儒担任老师，从各乡选人入学。

王安石重视教育，一个根本的出发点在于培养人才。他认为，对于一个社会的发展来说，人才是第一位的。在鄞县，他深感人才的匮乏，县里真正读得懂书，做得了事的人实在太少了。王安石做什么事，都只能自己一个人筹划，连个好的师爷也找不到。兴办学校以培养人才，为治国思想的中心。在十多年后的那封著名的《上仁宗皇帝万言书》中，他系统阐述了自己的兴学思想。应该说，这些思想，主要是在鄞县发源的。

（三）舒州通判

俗话说三十而立。1050年，王安石正好30岁。这一年，他从鄞县解官回家探亲之后，被任命为舒州通判。舒州即今天的安徽

潜山。宋时的安徽，是个山高路狭的偏僻地方，山深林密，人烟稀少，文化落后，到了这里，有一种与世隔绝的感觉。

通判一职虽然地位较高，然而在地方上毕竟是副职，工作比较清闲，也没有什么挑战性。从内心来说，他还是向往当初任知县时忙得废寝忘食的那段时间。而现在，他每天用半天时间就处理完了公事，剩下的时间大多就用来读书，然而读到疑难处，却无人可以商榷探讨，真是一大憾事！

王安石掌握着全州官员的监察大权，地方事务也有权干预。如果他做一些暗示，那些削尖了脑袋想往上爬的官吏，还

有地方因各种事务须向官府说话的人会立刻送来大笔银钱。事实上，他到任后，丰南县的知县陈圣因任满考核，就曾拜访过他。

那人已经50岁了，在知县任上熬了十多年，按宋朝官场惯例，早该升迁了。然而此人一贯有些贪名，几年前曾因为夸大水灾灾情以冒领赈济款受过处分，所以一直延迟下来。今年又到了考核之年，他咬了咬牙，花了大笔银子，把全州上下都打点得差不多了。王安石刚刚到任，他就赶上门来。

说过几句话，王安石便明白了他的用意。王安石从心眼里看不上这样的人，觉得这种人是读书人中的败类，孔孟之书在他这里，完全成了遮掩其贪赃枉法的幌子，因此脸上就有些冷冰冰的。陈圣不

解其故，以为自己表达得不够明白，索性说："看大人的官寓实在寒酸，属下心里过意不去，故封了二百两银子，求大人收下，作为家常日用，也是属下的一点心意。"

王安石在此人来时就觉得浑身不舒服，对其鄙俗之气隐忍已久，此时实在忍不住了，沉下脸来问道："请问贵县此钱从何而来？"

陈圣陪着笑脸道："是属下俸禄。"

王安石说："我一个通判俸禄比你多一倍，尚且不够用，还要你用俸禄来帮我。你的俸禄从何而来，为什么这样宽裕？"

不由分说，便将此人请了出去。后来审查的时候，王安石在对此人的评语中用了稍有瑕疵的字眼，让他升迁的愿望又一次落了空。此事传开去，许多人敬佩王安石的为人，争夸他的清廉。从此以后，再没有人来给他送礼，到他这里请托。

王安石就任半年后，一纸公文由东京传来。宋仁宗下来圣旨，要王安石到京城参加考试，准备任命他担任馆职，备位清要。

消息传开，同僚们纷纷来向王安石致贺，不料王安石却不收大家的礼。他说："朝廷虽有此意，但我确实不想入京。我家口太重，弟妹又多在婚嫁之时，家里的事都得我操心。在地方上俸禄毕竟多一些，还能勉强支撑得开。要是做了穷京官，日子就没法过下去了。"

在大家的惋惜和不解中，王安石上了一道《乞免就试状》，在这份奏折里，王安石提出了由于祖母年老，死去的父亲还未

正式安葬，弟妹又多在婚嫁之时，家口众多而经济困难等理由，难以在物价高昂的京城居住，过去也就是因为这个而请求不参加馆职的考试，得到了皇帝的宽谅。现在有的大臣认为自己是淡泊于名利，实在是一种误会。

他在奏折中所说的确实是实情。他没有别人那种强烈的升官欲望，为做官而做官为他所不取。作为一个孝悌观念很重的人，他首先考虑的是怎么样才能奉养好自己的亲老，怎么样才能照顾好自己的家族。这对儒者来说，是严重的道德任务。所以，虽然在舒州做官并不很开心，他还是不愿意到京城中去。

在舒州几年，作为一个有一定社会阅历的旁观者，王安石更加深入地了解了民生疾苦和官场腐败。北宋政府不反对土地兼并。在这种政策下，社会贫富差距越来越大，大户之田动辄千顷，普通农民的生活却非常困苦。加上贪官污吏把国家赋税层层加码，从中克扣，因此愈加民不聊生。王安石在舒州亲眼看到灾荒之时，大批大批的穷人饿死，而富户却守着粮食不卖。他动用自己的权力，强迫富户捐粮救灾，虽然救了许多人，和当地豪强大户的关系却更加紧张了。正是因为看到百姓的疾苦、贪官的凶残，作为一个地方官，王安石时常有一种自责、愧疚的心情。

至和元年，他舒州任满。离开舒州之时，他没有了告别鄞县那种欣慰，而是饱含遗憾。

三、从京官到外任

（一）特立独行

至和元年，王安石33岁。他被破格任命为集贤院校理。按规定，这个官职是由地方官中考试选拔任命的。但是由于文彦博等人的推荐，皇帝决定不用考试就让王安石担任此职。通常担任此职须一年后才能调任他职，朝廷也事先允诺王安石不一定要任满一年，就可以调任。换句话说，一年之内还可以升官。这无疑是极大的恩宠，换做别人早受宠若惊了，可王安石又一次连上两封奏章，再三陈述自己家庭的困境：祖母和两个哥哥一个嫂子相继去世，两个妹妹还没有出嫁，家贫口多，家务繁多，难以在京城生活。

朝廷上下对王安石淡泊名利非常欣赏，皇帝和执政大臣们对王安石也确实非常照顾。执政大臣欧阳修因此专门请求任命王安石为群牧判官。这个官职比集贤院校理稍有升迁，而且待遇比较优厚，这样就可以帮助王安石解决经济问题了。事已至此，王安石不好再推辞，只好赴任。

和绝大部分京官一样，群牧司基本上是个闲职，其名义上的职责是指导全国各地的养马场和养马监。群牧司的长官叫群牧使，此时的群牧使正是大名鼎鼎的包拯。一时间，这个小小的养马机构里真可谓群贤必至，然而必至之后能做什么呢？只不过是例行公事然后摆酒清谈

而已。

王安石家中清贫，平时又不拘小节，穿衣也不注意，一件皱皱巴巴的官服，多少天也不知道换洗，整天在衙门里抱着一堆书埋头苦读。这也成为他被京官们嘲笑的理由。苏洵甚至说他"囚首丧面以读诗书"，意思是说穿得像个囚徒，整天看书。说这样的人做事不合常情，必然是大奸大恶之人。

关于王安石专心苦学不修边幅，叶梦得《石林燕语》中记载了这样一个故事，也许有些夸张，不过却十分传神：王安石的衣服脏了，自己总记不起洗换。有一次，他和群牧司的同事吴仲卿等去洗澡，同事见他衣服脏了，就从家里带了一件新衣服，偷偷把旧衣服给他换了。洗完澡出来，王安石拿起衣服就穿，走出好远，也没有发现自己的衣服换了。

由此可见，王安石的心思全在读书苦

思上，照顾自己的能力比较差，不太会享受生活。《石林燕语》中的另一个故事同样传神：

有一天，朋友们告诉王安石的夫人吴氏，说王安石爱吃鹿肉。

吴氏说："不可能，我和他一起生活了这么多年，也没发现他爱吃鹿肉。"

朋友说："那天我们在一起宴会，他不吃别的菜，只把那一盘鹿肉吃光了。"

吴氏问："你们把鹿肉放在什么地方了？"

朋友说："放在他面前啊。"

吴氏恍然大悟，告诉大家说，王安石吃菜的习惯是只吃面前的菜，至于菜的好坏，他是吃不出来的，只要吃饱了就行。

东京宴会有招伎饮酒的习惯，但王安石对此深恶痛绝。有一次，吴仲卿等人宴会，请了王安石。席间，又招来几位歌伎，王安石当时拂袖而去。自此以后，凡是这样的场合，人们再也不找王安石了。

王安石的简朴、苦学、不好声色，并不是像道学家那样装出来的。他是真心真意用儒家道德标准来要求自己。他服膺于儒家的价值观，并身体力行，不遗余力。

在这样的情况下，王安石的朋友当然不会太多。不过他所交往的人都是些出类拔萃的方正之士，比如司马光。这两个人简直是天生的朋友，他们身上相似的地方太多了。他们年龄相近，司马光长王安石两岁。中进士也是前后，司马光比王安石早两年。卒年则相同，相差不过数月。仕途上也颇为同步，此时他们同为群牧判官，后来又同为翰林学士，同为知制诰。更重要的是，他们的性格、作风、生活习惯居然也十分相似。

和王安石不修边幅相比，司马光生活也十分朴素。司马光号迂夫，在生活上和王安石一样，都很简朴。司马光洁身自

爱，不好女色。由此种种，王安石和司马光才能一见如故。在群牧司衙门里，他们没事就共聚一室，探讨读书得失。两人都是好学深思之人，王安石为学常有奇思异想，司马光则用力甚深，两人相互映照，彼此都受益匪浅。

（二）常州知州

虽然有司马光这样的良朋为伴，王安石还是觉得他的群牧司判官生涯很痛苦。因为这个职务太清闲，他觉得自己正值年富力强的大好时光，可以为百姓做很多事情，却不得不在这里混日子。而且，他自觉和这些京官在性格上格格不入，在京城官场有一种受排挤的感觉，远远没有自己做地方官时自在。这一时期他屡次上书请求外任。

在十多次请求之后，朝廷终于同意他外放了。36岁这年，王安石出知常州。在常州任上，王安石还是和在鄞县一样，大力兴修水利。然而，这次，他却遇到了挫折。

到任不久，王安石就开始下乡视察。他发现常州洼地偏多，排水不畅。如果能修一条运河，可以解决一直困扰这里农民的涝灾问题，并且可以退出大量耕地，还便于东西交通。

说干就干，王安石立刻开始筹划建设。但是，这条运河长近百里，贯穿好几个县，工程浩大，如果靠在鄞县时老百姓义务出工是不行了。这需要与各县知县和转运使共同协商。

然而，出乎王安石的意外，当王安石召集知县，请来转运使研究这件事的时候，大家都

不赞同这个计划。大家纷纷说，开运河是常州历史上从来没有的事，开了以后会使一些河流改变流向，是利是弊，一时不好说。又说征调民夫，牵扯的事太多，农民们非常不好动员。总之，摆出了许多困难。转运使也不赞成兴工，认为多一事不如少一事。

王安石做了许多工作，大部分知县勉强同意出工。只有宜兴知县——司马光的哥哥司马旦不同意，此人和他弟弟一样也是个倔脾气，认准了一件事，不管你多大的官，他也不服从。王安石也是个倔脾气，遂决定不理司马旦，立即开工。

然而工程遇到了很多困难。一是各县官员动员不利，没有多少百姓肯于出工，每县派出的几十个民工，又多是老弱病残。司马旦干脆一个工也不出。恰好在施工的时候，又赶上了连日大雨，民工生病的越来越多，工程只好暂时停下来。

王安石心急如焚，但是老天不帮忙，他只好等。等到天气好转，又到了农忙时节。很快王安石调任别处，这项工程只好半途而废了。对于这件事，王安石一直耿耿于怀。这件事也对王安石后来的变法以深刻的影响。

宋朝官员迁转频率之快是让人吃惊的。在常州任上不到半年，王安石就接到通知，提点江南东路刑狱。江南东路经济发达，人情复杂，王安石在这里遇到了一些比较难断的案子。最有名的应该是那起斗鹌案。原来，江南东路一些大城市里盛行斗鹌，玩这些东西的多是富家少年。一天，一个姓王的少年弄到了一只绝好的斗鹌，百战百胜。他的一个好朋友，一个姓吴的少年求他把

这只斗鹑让给自己。王姓少年对这只斗鹑爱如珍宝，说什么也不给，吴姓少年趁他不注意，反正平时也都是好朋友，就偷偷拿跑了。王姓少年十分生气，拿一把刀子追到门外，口角之中一时兴起，把吴家孩子当街杀死了。

知府判王姓少年犯了杀人罪，应该处死。家人不服，反映到王安石那里。王安石重审，认为吴姓少年不经主人同意强行拿走别人的东西，乃是"盗"，王姓少年杀了他，乃是"捕盗"，不应判死刑。

王安石的判决引起了很大轰动。知府及吴家不服，案子上诉到朝廷的大理寺，大理寺最终判定，知府所判为准。大理寺还专门行文批评王安石，要王安石承认自己的错误。这本是例行公事，但王安石拒不认错，声辩"我无罪，不当谢罪"。大理寺官员上书皇帝要求惩办王安石，王安石还是不为所动。最终此事不了了之。

六个月后，朝廷召王安石入京，任三司度支判官。接到这一消息，王安石一则以喜，一则以忧。喜的是他可以离开江南东路，不再做这个繁忙的提点刑狱了；忧的是他又得进京，做混日子的京官。

（三）上书皇帝

度支判官是财政部门的官员。王安石在度支衙门里得以了解了朝廷的财政情况。同时，身处京师，他对天下利弊有了更全

面、更深刻的思考，结合自己多年以来做地方官的经验，大宋社会的种种问题和症结在他的头脑中日益清晰起来。

此时，改革的声浪一浪高过一浪。宋祁、包拯、富弼、欧阳修等人都提出了改革的要求，王安石也是这其中的一员。他认真准备了一个月，写了一篇长达万言的上仁宗皇帝言事书。

在这封著名的奏折里，王安石直言不讳地指出了北宋社会所面临的危机：国家穷苦，财力不足；外敌环伺，意图吞并；人心苟且，缺乏人才。他指出，现在虽然天下表面太平，实际上是危机四伏，如果不彻底改革，那么大宋灭亡不会太久。

王安石总结了北宋政治的种种弊

端：最主要的弊端是缺乏人才。王安石说，现在一路之间，能够准确贯彻朝廷旨意，以百姓生活为念的官员很少，相反，没有才能、苟且钻营、贪婪卑鄙的官吏数不胜数。朝廷的旨意往往用意良好，然而，在职的官员不但不能用之以惠泽百姓，反而借此为幌子，骚扰百姓。没有人才，是因为没有培养、管理、选拔、任用人才的正确方法。

接下来，王安石就从培养、管理、选拔、任用这四个方面做了具体的阐述：

首先，在教育方面，现在的州县虽然都设有学校，但徒有虚名而已。天下读书人读的只是五经，对于各种专门的学问，比如理财、断狱，没有人关心。老师们所教的，只是分章断句，应付考试。应付考试的文章，需要人成天死记硬背，用尽精力去学雕虫小技，别的方面

就没有精力关心。这样的人，虽然考中了，可是到实际工作中，却什么也不会做。

古代先王之时，读书人所学的是文武之道。读书人学习各方面的技能，可以做各方面的工作。有的专门学刑法，有的专门学军事，有的专门学礼治。任何一种专业都需要多年苦学苦思才能有所成就，所以上古之时，人才辈出。

其次，在管理方面，现在官员的俸禄都很微薄，如果不贪污，日子就要过得很清贫。道德水平在中人以上的，虽然贫困但仍不失为君子，而中人以下的，虽然富裕，也仍然想贪污。只有中人，穷则是小人，富则为君子。总计天下士人，中人占十分之九。 以现在微薄的俸禄，要想使大部分官员清正廉洁，这是不可能的。所以现在官大的人，往往互相贿赂，谋求财产，背上贪污的罪名；官小的，做买卖，欺上瞒下，克扣百姓，无所不为。这样，人就没有了廉耻，社会就没有了脊梁，社会风气如何能正！

第三，现在选拔人才，只以文辞为标准，这样太片面了。不肖之徒，如果记忆力好，就可以高中而取得高位。那些有真才实学的人，因为不愿意老死于章句，就只能一辈子不为人所知。现在，朝廷上有许多不肖之人得了高位，因此就拉拢狐朋狗友霸占朝廷，所以朝廷上少正人君子。四方官吏，为这些人所任命，品质还能好到哪里去？

第四，选拔人才的方法既已错误，任用人才的方式更是荒谬。不论人的特长、志向，任意选派，好像每个人都是全能的。既

能管理财政，又能治狱，又能掌管礼仪。以一人之身，而具百官的才能，怎么可能呢？地方官到了一个地方，刚刚做几个月，新的任命就下来了。有能力的人，能力没有施展；没有能力的人，低能得以掩盖。

分析了这四方面的弊端之后，王安石又提出了具体的建议：首先，在科举时，不能光考核五经，还要考核各方面才能，培养专才。其次，在管理上，要高薪养廉。再次，在选拔上，要以公论为主。最后，在任用上，用人不能专凭资历，更要看本人特长，而且还要建立有效的考核机制。

还应提出来的是，王安石在这篇文章中提出了理财主张。虽然这些观点不是这篇文章的主要内容，但这些观点已显露出王安石日后经济改革的端倪。

写成了这篇文章，王安石也十分兴

奋。他把它按程序报送给皇帝,期待着皇帝的反应。然而,仁宗皇帝可不是一个奋发有为之君。此人是个典型的老好人,性格仁柔懦弱,为国行政只求安静为上,只要天下能保证表面上的安定太平,就诸事大吉。他才没有信心和兴趣去给北宋社会动手术呢!

王安石等了几个月,也没见皇帝的回复。然而,很多的中下层官员和文人对王安石的这篇上书赞赏有加。王安石在北宋政治界的影响,是进一步增大了。

四、神宗即位君臣遇合

（一）神宗皇帝

治平四年，英宗皇帝驾崩，20岁的神宗皇帝即位。神宗皇帝是中国历史上为数不多的杰出帝王。说他杰出，并不是以他的治绩为标准，因为历史证明他也没有扭转北宋王朝每况愈下的统治局势。但与大多数平庸的君主的不同之处在于，他性格比较强健，思维不拘定式，勇于进取。同时又少年老成，绵里藏针，锋芒内敛，善于听取不同意见。也许是历史的巧合，他的个性、思想也和王安石有许多相同之处。比如这两个人都毅力刚健，富于魄力，看不惯因循苟且；比如他们都不为正统儒家思想所蔽，能够旁窥诸子百家之言，以自己的经验加以取舍。

因为好学深思，虽然即位时刚刚20岁，他对当时的形势已经有了明确的看法。这些看法也与王安石有着不谋而合之处，那就是开国百年，承平日久，人心怠惰，积弊甚深。财政困窘已经直接威胁了政体的运转，政风吏治每况愈下，百官

只求营私，不思振作，行政效率十分低下。百姓贫富差距越来越大，在不断的搜刮下，生活越来越艰难，一旦有灾害，就流离失所。同时，北辽西夏就像觊觎在卧榻之侧的恶狼，岁岁攫取

大量帛金也无法安心。总之，已经到了非改革不行的地步。

朝中许多大臣也为窘迫的政治局势忧心忡忡，力求寻找解决办法。神宗即位才一个月，一个叫刘述的大臣上前陈述目前的困难。翰林学士承旨张方平也上书极言天下困极，朝廷却不图营救，如果继续因循苟且，一旦出现饥馑或者边患，就没法挽救。

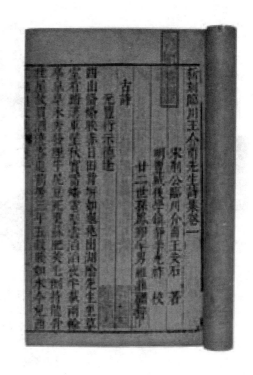

看来关于改革，朝廷上下基本已有共识，所面临的问题就是怎么改了。对这一点涉世不深的神宗也心中有数，"庆历新政"已被废除，人们记忆犹新，有范仲淹那样的能臣，阻力还那么巨大，何况现在局势比范仲淹那时更加复杂。因此，选择一个改革的策划执行者，是当务之急。

神宗是个慎重沉稳的人，他要在朝臣中进行广泛考察、比较，最后，才能确

定谁可托付大任。进入他视野的有这样一些人：三朝元老富弼、御史中丞司马光、吏部侍郎吴奎等。因此，在半年之内，神宗频频召见这些可能的入选者，不动声色地进行考察。

他最先看好的是做过多年宰相的老臣富弼，此人德高望重，当年也曾积极参与庆历新政，此时为枢密使。然而，庆历新政的失败已经彻底挫伤了他的锐气。

神宗又把眼光转向了司马光，此人名望很高，口碑甚好，而且学识深厚。但神宗听了他的治国之要，只觉得淡而无味，书呆子气十足，他觉得此人有些迂腐。再考察吴奎，又觉得为人过于软弱。举朝上

下，或保守，或迂腐，或谨小慎微，竟无一
人可以入眼。那么，现在只剩下一个候选
人了：王安石。

（二）争议王安石

神宗与王安石，还有一段不为人知的
渊源。原来，神宗的侍读韩维是王安石众
多崇拜者中的一个。他视王安石为古今
一人，道德文章，皆为天下法。在他的影
响下，读书时期的神宗阅读了大量王安石
的著作，王安石纵横矫健的文笔本来就
容易感染读者，那些惊骇世俗、
精辟独到的观点赢得了青少年时
期的神宗的由衷敬佩，而王安石
又特立独行、行高于众，关于他的
种种逸事传说都传到了神宗耳朵
里，在这个少年人脑海中形成了
一个几近完美的高大形象。青少
年时期是很容易崇拜人的，尤其

是崇拜那些卓尔不凡的特殊人物，王安石就是少年神宗心中的偶像之一。那个时候，神宗就想召王安石做自己的侍读官，以便朝夕得到教诲，可惜英宗没有应许。神宗即位之后，所做的第一件事就是了解王安石的近况，想一睹这位"伟人"的风采。可惜得到的回馈是王安石正卧病江宁，读书养志。

神宗是一位思想活跃、锐意进取的年轻人，形成这样的思想特点，王安石的著作也许功在其中。与此同时，他表现出杰出的政治天赋，做事比较有章法，这可能就来自于遗传了。他深知任用王安石这样的争议性人物，必然会引起各种不同的反应。他想先摸摸王安石有多少民意基础，也借此进一步了解这个人。

他首先问的是副宰相曾公亮，他问为什么以前仁宗、英宗召用王安石时，王安石总是称病，是不愿意出山还是真的有病？

曾公亮从皇帝的言行中揣测出有大用王安石的意思，而他平时对王安石孤高清廉、为政有方也颇为欣赏，遂回答："安石文才与学识俱佳，而且德行纯粹，应该大用。屡召不应，应该是身体不太好，不过也有可能是先帝用人之诚没有充分表达，陛下宜用恳切言辞召用他，这样他应该会来的。"

神宗又问及吏部侍郎吴奎，没想到这个老好人的回答与副宰相截然相反："王安石是个典型的书生，做事迂腐，而且固执己见，绝非辅相之才。如果他被重用，肯定会做出大家无法接受的事情，

造成朝政混乱，不可收拾。"

神宗大为诧异，说："你说得也太肯定了吧！"

吴奎回答："臣曾和王安石共同在群牧司供职，对他了解甚深，所说绝非虚言。"

神宗安排韩琦出京任职，在韩琦辞行时，神宗问他："你走之后，谁可以继大任，王安石怎么样？"

须发斑白的韩琦立刻回答道："王安石做个翰林学士绰绰有余，处宰辅之地则器量不足。"

通过一系列调查，神宗认识到王安石还没有被重用，就已树立一批潜在的政敌，这当然和王安石的个性有很大的关系。王安石太有个性了，他对人、对事都要求完美，不能容忍含混状态。他坚持独立思考，绝不肯苟

同他人意见；他一言一行都
要本着自己内心的标准来实
行，不肯因他人而违心，甚至
不肯因形势的需要而稍作退
让；他认准了什么事，就要坚
定不移地做下去，绝不顾及别
人的反对，他的性格太强太
硬，他的思维方式太极端。

这样，王安石在不知不觉
中为自己制造了大批反对者，
这些人反感的就是他那耿
介的气质。其中最为典型的就
是一代文豪苏轼的父亲苏洵，他瞧不起
王安石，在背地里经常称王安石大奸似
忠，大伪似信。这个说法在官场中颇有市
场。

然而，神宗是王安石坚定的支持者。
一连串的调查只是增加了他对王安石执
政难度的判断，对王安石的人品却更加
坚信了。他同样痛恨这种死气沉沉、到处

老好人的局面。他需要的正是这样一位敢于排斥众议的人物，只不过他对起用王安石之后的困难预计得更加充分了。

经过反复思考，两个月后，神宗皇帝发出一道诏书，任命王安石为翰林学士，并催促他尽快赴任。

（三）越次入对

此时的王安石，正经历着他一生中最闲适的一个时期。母亲去世已经五年了。这五年他没有政事牵累，没有案头烦劳，只是在绿荫环抱的山居里读书著文，授徒讲学，终日和朋友学生们讲求学问大要，这种优游林下的快乐，是他以前从来没有享受过的。

　　神宗即位后，从神宗件件举措中，王安石读出了这样的信息：神宗皇帝是个有朝气有魄力的君主，不满现状，力求整治，他敢于打破传统，与自己一样有冒险精神。所以，熙宁元年（1068年）四月，当一飞骑送来了召王安石入京的诏书时，王安石没有像以前一样推辞，而是欣然受命。

　　熙宁元年，也就是公元1068年4月4日，神宗召见王安石。按规定，像王安石这个级别的官员入宫需要繁琐的手续，奏对内容也有具体限制，神宗命一概免去，故史书称这次会面为"越次入对"。

　　彼此倾慕多时，这对君臣终于见面了。

　　走到紫宸殿外，望着高大的殿顶，王安石不禁有些紧张。人到中年的他很久没有这样的感觉了。坐在这座

大殿里的年轻人将决定他的命运，进而决定大宋江山的命运，有些紧张是正常的，但他立刻将这种情绪压了下去，调动起自己的全部自信，迈着大步走进殿来。

坐在龙椅上的神宗同样有些紧张，就像小学生将要见到自己的老师一样。他倾慕多年的人马上就要出现在自己面前了，这个人会和自己想象的一样吗？听到殿外的脚步声，他坐直了身子。这脚步声显得异常有力、坚决，其他大臣进宫，很少听到这样重的声音。

进来的是一个身材不甚高但十分结实的中年人，皮肤略黑，圆头大耳。相貌说不上英俊，但一双眼睛却炯炯有神。按照规定，下跪、磕头、平身。神宗命内侍拿来一把椅子，王安石谦让一番坐下。

青年皇帝先问一下王安石何时到京，路上走了多长时间，然后就直切主题："朕闻卿名已久，知道卿学问深厚。朕登基未久,于治道尚有许多需要学习的地方,卿以为治理天下以什么为先?"

神宗说话的时候,王安石注意地看了一下这个年轻人。他和其祖父一样,相貌颇为英俊,气质严肃,神情真诚,很容易博得人的好感。

略略思索了一下,王安石回答:"应该以选择施政方法为先。同样是在圣人之道的指导下,采取不同的方法,得到的结果可能截然不同。"

这句话一下子打动了神宗,王安石果然就是王安石,一开口就不同凡响。其他人谈到治天下,往往一开口就是正人心、端风俗之类不着边际的空话,王安石却一下子接触到了实质问题。

"那么方今天下,以什么施政方法为上?"

"请问陛下,当前困扰朝廷的是什么问题?"

"一是财赋问题，财赋不足，国力虚弱，不得不受制于辽夏。再一个是民生问题，民生凋敝，一遇水旱则到处逃亡。这是压在朕心上的两块石头，昼夜难安。"

"选择什么方法应以解决什么问题为前提。陛下的看法臣完全同意。臣以为最重要的是理财之法和济民之法。"

神宗越听越觉得兴奋："卿不妨说得详细一点。"

"正确的理财之道，应该是由官府以国家力量为百姓兴修水利，平整土地，百姓富了，财源就广了，国家就能征收更多的赋税。"

王安石素有辩才，此刻在皇帝面前，更是调动全部精神，引经据典，滔滔不绝，一转眼已经过去一个时辰了，君臣都觉得意犹未尽。

"太祖太宗以来，国家百年太平，应该说列祖列宗的治理方针颇有可取之处，卿以为最可取的是哪些呢？"

西斜的日影已经推出窗外，大殿暗下来。王安石觉得该到告退的时候了："祖宗治法博大精深，非臣数语可以道明，容臣回去之后认真思考一下条理，再奏明皇上可否？"

经王安石这样一说，神宗才注意到天色已晚，他不觉笑了："好吧，今天就到这里，来日方长，卿今后可以从容地为朕指授。"

五、改革之一：富国

(一)均输法

熙宁二年二月十三日，北宋朝廷颁布一道谕旨，翰林学士王安石被任命为参知政事，即副宰相。

在王安石的建议下，新机构"制置三司条例司"成立了。从名义上看，这是一个制定变法条例的机构，而实际上，它的主要任务是策划和指挥变法，权力非常

大。

虽然遇到强大的反对声浪，但王安石作为执政之一，毕竟手握了变法大权。那么，变法从哪里入手呢？

困扰着整个北宋王朝的是财政问题。王安石是个喜欢挑战的人。他自然选择财政问题作为变法的切入点。这既是为了迎合皇帝的心意，也是他作为宰相必须要解决的问题，同时他也想借解决这一问题显示自己的才能，平息天下汹汹之议。他知道，事实是最好的辩论武器。

在王安石的策划下，吕惠卿起草了第一道法律：均输法。

东京汴梁是当时亚洲最大的城市，也是宋朝最大的消费城市。为了供应东京，朝廷专门设了发运司，将东南六路供应朝廷的物资沿运河发送到东京。

但是，北宋的这个运输系统明显带有的计划经济色彩，发运司不了解东京的储备库里存着哪些物资，每年对各项物资需要多少，也不了解各路生产的变化情况，只是机械地按章程办事，年年刻板地按照多年前定下的数字进行征收，一点也不变通。有的东西原产地已经不生产了，却还要照样上交，农民们只好高价购买交给官府，运到东京却一钱不值；有的物资东京已经积压了许多，还是照样征收，堆在仓库里白白烂掉；有的物资随着消费的增长极其紧缺，发运司也不知道到其他产地购买，结果巨商大贾便参与其中，从远方购来，以高价卖给官府，从中牟取暴利。比如有一年朝廷要举行大典，需要大量的羽衣。大商人们知

道了这一消息后，立刻把市场上所有的羽衣都买光了，然后以市场价三倍的价格卖给官府。

神宗皇帝和王安石一起视察东京的仓库，看到江南上好的绸缎堆在库里，有的竟是七十多年前进贡的，由于保管不善，早已变黑变脆，用手一摸，就成了碎片。神宗叹息不已，这可全是民脂民膏啊！从百姓手中横征暴敛而来，却让它白白烂掉，然后报告说经费不足，难道这就是天子的牧民百官的做法？王安石当时就对皇帝谈了设立均输法的设想，神宗深为赞许。这一办法的基本要点是政府改征收方式为征收加采购方式，设立发运使，详细调查规划东京每年的物资库存及所需，了解各地的供应情况。如果供应有缺口，则有权直接到产地购买，供应有余，则直接在产地卖掉，这样，就消除了大量的浪费，也避免了商人的盘剥。据王安石的初步测算，这一措施可以使政

府每年节省三分之一的供应费用。

熙宁二年七月，在王安石任参知政事五个月后，均输法正式颁布实行。同时，神宗任命原淮南发运使薛向为六路发运使，同时从内库中拨出一部分钱作为发运司采购的资本。

正如王安石所料的，均输法一颁布，立即招来了一片反对声。言官们一致称王安石为"兴利之臣"，"利"在中国古代，一直是一个禁忌话题，无人敢轻易提及。因为儒家思想，重义轻利。

(二)策划青苗法

均输法不过是王安石变法中试验性的一步。这个法令只是解决了局部问题，于国计民生并没有大的影响，对增加财政收入也没有明显帮助。下一步，他就要开始一项涉及全国的重大改革，实行青苗法。

王安石做地方官多年，非常了解农民的生活状况。他知道农村大部分农民都是贫农，丰年勉强温饱，一遇水旱就无法度日。即使在正常年景，每年青黄不接的时候，也都要吃糠咽菜。因此，农民家里一有事情，就不得不借债。但当时民间高利贷的利息往往高达百分之百甚至二百、

三百，高利贷往往使得贫农家破人亡，四处流浪，也造成了贫富差距越来越大，社会越来越不安定。

王安石深知靠天吃饭的农民是多么不容易，因此他在做地方官时就注意兴修水利、赈济灾民。在鄞县时他曾在春夏之交、青黄不接时把官府的谷物贷给农民，秋天再收回来，成效相当不错。因此，他创青苗

法，官府每年春天贷款给农民，秋天归还，利息为百分之二十。这样，一可以帮助农民度过春荒，实现社会稳定，二可以增加政府财政收入，解决财政困难。

但是，事情从设想到实际操作有很大的距离，好的愿望不一定能带来好的结果。王安石的设想近似于现代的农业银行，无疑是一个有高度、有远见的创意。但是，现代银行制度是以现代的评价制度和保障制度为基础的。也就是说，银行必须能准确评定借款人的还款能力，并且有强制回收本息的手段。但是，在北宋自然经济条件下，这些无疑是难以做到的。这一点，王安石是想到的。因此，他与吕惠卿再三商议，吕惠卿提出了这样的解决办法，即把农民按贫富结合，五户为一保。以富户为保头，贫农贷款，要由富户为担保，由富户出面申请。

青苗法费了王安石很多心血。他知道，在全国范围内推行这样一个大法不能不慎重行事。毕竟这涉及到天下所有农民呀！法案虽然已经尽力完善，但执行中会不会出现什么问题呢？为慎重起见，他命苏辙认真检查条例内容，提出意见。

苏辙看完后，当头泼了王安石一头冷水："介公，我觉得此法决不可行。"

这样直接的反对是王安石所没有料想到的。他诧异地问："详细言之。"

苏辙说："您在地方呆过多年，那些贪官污吏您不是没见过。这个法从立意上来说是好的，但到了他们手里，绝对执行不好，说不定又会成为他们盘剥百姓的一个手段。肯定会有提高利息从中贪污的。再说，借钱容易还钱难，百姓用度困乏，借来的钱花掉了不一定有能力按时还上，那些衙役小吏很可能借这个机会横征暴敛，最后还是得弄得贫民家破人亡。"

王安石听了，一时无法反驳。苏辙所说，正是他心里没底的地方。虽然不像苏辙说的那样严重，但弊端肯定会出现的。

经过反复思考，王安石认定这个法律利大于弊，所以他决定先在附近的河北、京东、淮南三路试行。

熙宁二年九月，经神宗批准，青苗法正式公布。

（三）推行青苗法

青苗法在全国范围内推行之后，犹如平静的湖水中扔进了一块巨石，百年来一

成不变的北宋社会各个阶层都受到了不同程度的扰动。

相对于百分之百、百分之二百的高利贷利息，百分之二十的青苗钱对于贫困的农民来说无疑是极富吸引力的。虽然变法之初，百姓们不知道"官家"搞什么鬼，对于这样天上掉下来的好事半信半疑，但在一些敢吃螃蟹者带头申请了贷款之后，越来越多的农民开始加入了申请者的行列。

地方官员对于推行青苗法则意见不一。有的人希望通过积极执行青苗法博得上司的好感，获得升迁的机会；有的人则积极钻青苗法的空子，挖空心思从中渔利；有的人则因为青苗法带来的繁重工作量而怨声载道，在执行过程中不过走走形式，敷衍了事。

执政之臣王安石、吕惠卿则希望青

苗法能尽快为政府解决越来越严重的财政问题，他们迫切希望各地方官员干出实效。青苗法的实施也就是改革派的政绩，是他们向天下说话的本钱。同时，他们还希望青苗法能够起到抑制富豪大户的作用，使社会上的贫富差距不再扩大。

由于地方官员素质不同，青苗法的实行在各地出现了不同的情况。有相当多的地方官员因为申请青苗钱的农民十分踊跃，就擅自提高了利息，从百分之二十提高到百分之三十甚至百分之四十。

更多的地方官员从来没有操作过这样繁杂的工作，他们动用了在中国社会屡试不爽的最有力的办法：一刀切，不管你需不需要贷款，一律贷给你，按保发钱，到收息日由保头上交本息。交不上来，就带着衙

役上门强收,拆房扒屋,抓人吊打。这样,他们获得的成效就远远超过那些认真执行的地方官员。

还有的地方只把青苗法的布告贴出去,对前来试探贷款的人推三阻四,说钱没拨下来或者人没到位,一推了之。

真正认真执行的地方不到二分之一,而这二分之一的地方官员也因为对这一事务不熟悉,对贷款的各个环节的操作没有经验,忙得焦头烂额。毕竟,这个工作的工作量太大了。在北宋,地方上的所有事务都由地方长官一个人负责,像青苗法这样专业性工作本来应该有专门机构、专业人员来操作,但那时远远做不到。因此,工作中的疏漏在所难免。

很快,青苗法执行中的各种问题被反对变法的官员反映上来,各式各样的奏章像雪片一样飞送朝廷。

御史韩缜首先进言，他认为，朝廷既然把青苗法当成一项利民措施，就不应该收取利息。收取利息，就是和百姓做买卖，就是盘剥百姓，和那些放高利贷的富户没有什么分别，有失朝廷体面。

对于这样的书生言论，神宗和王安石自可不必理会，但许多原来轻易不说话的朝廷重臣的话，他们就不能不认真对待了。

轻易不说话的司马光终于发言了，他上了一道《乞罢青苗法》，在这份奏章里，他系统阐述了他对青苗法的看法，以及他对王安石均贫富主张的反对。

大名府的老臣韩琦上了一道长达几万言的奏章，极言青苗法的弊端。在这封奏疏中，韩琦说河北路至今仍普遍存在一刀切现象，无法禁止。这封奏疏，让神宗大为震惊。

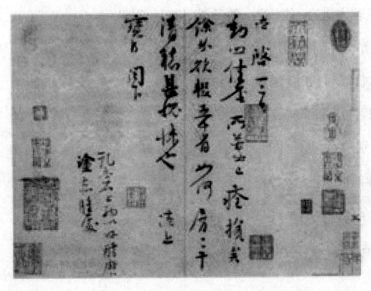

变法开始后，一直在观望变法的苏轼，写下了那篇大宋历史上著名的《上神宗皇帝书》，揭露"制置三司条例司"、均输法和青苗法的弊端。

韩琦和苏轼的奏章让神宗十分震动。此二人的雄辩让神宗对自己的整个变法主张产生了深深的怀疑。他们的话听起来句句在理，然而又句句是反对自己的。问题出在哪里呢？神宗陷入了深深的思考。

王安石责备神宗做事缺乏魄力，辩解说韩琦的说法没有代表性。王安石说万事开头难，青苗法是新法中第一个全国性大法，如果半途而废，变法事业必然遭到严重挫折，反对派一定会借机卷土重来。王安石说这个时侯只能硬着头皮顶住，等这个阶段过去，自然就尘埃落定，反对的声音会越来越少。

（四）市易法

北宋的商品经济非常发达，商人在国家经济中起的作用越来越大。由于商品经济的发展，已经出现了垄断现象。一些财力雄厚的大商人，为了牟取暴利，勾结官府，把持了"行会"。所谓"行会"，大致相当于今天的行业协会。大商人操作和控制了各种交易，他们压低价格收购各种商品，然后再以很高的价格批发给小商人和普通市民。巨商大贾们挣得满盆满钵，而小商人和老百姓却叫苦连天。

对于这种商品经济高度发达而产生的弊端，在朝的大大小小官员虽然都注意到了，但没有人以此为意。商人的事，不是读书人应该关心的。

王安石却对此事予以高度重视。他看到大商人赚得巨额利润，财力雄厚，而官府却穷得开不了支。这说明社会财富分配因为这些大商人的活动而变得不合理了。能不能想办法把大商人的巨额利润变成官府的收入呢？

恰好，有一个穿得十分破旧的中年人到王安石府上投书。这个人叫魏继宗，是个平头百姓。王安石接到他的投书一看，虽然错字连篇，但颇有见解。

魏继宗在书中写到：现在京都之中，物价波动非常厉害。这种情况严重影响了老百姓的生活，这都是巨商大贾操纵市场的结果。魏继宗建议官府出面，动用政府钱财，买卖商品，平抑物价。

王安石执政以来，一直想发动百姓，提供改革建议，但是应者寥寥无几。见了魏继宗的上书，他非常兴奋。魏继宗所说的问题也正是他经常思考的问题。现在，改革进展比较顺利，他终于可以腾出手来解决这个问题了。

熙宁五年三月二十六日，经神宗同意，王安石开始推行市易法。"市易法"规定，在京城开封设置市易务，市易务实际上就是一个大国营批发公司，由国家拨款一百万贯做本钱，招募京城各行业的商人做经纪人，在物价低时大量收购，在物价高时大量出卖。以此来平抑物价，同时也赚取利润。由于国家资本的巨大，因此，市易务成了最大

的垄断商，巨商大贾无人能与之匹敌。

市易务的长官是吕嘉问。魏继宗成了市易务的官员，由平头百姓一跃而成为国家官吏。在吕嘉问的主持下，市易法取得了初步成效，市场物价趋于平稳，官府也获得了许多收入。

然而，许多官员反对国家出面与商人争利。老臣文彦博说："为了一点买卖水果的蝇头小利，而与小商人汲汲相争，这不是有损国家体面吗？外国使者看到了，会让人家看不起的。"此他觉得羞耻不已，堂堂朝廷命官竟然上街卖水果，真是大宋王朝的耻辱啊！

文彦博的看法在当时颇有市场。王安石的这一法令也确实有点超前了，以至于神宗皇帝也有点接受不了。他十分担心市易法会执行不好，经常询问法令推行情况。看了文彦博的奏折，神宗对王安石说："市易务卖果品，也太不像话了！确实有伤国体，让他们别卖了。"

王安石说："为什么卖其他东西不伤国体，卖果品就伤国体？都是商品而已！历来官家禁止私盐，卖公盐时不也是一斤一斤地卖吗？也不伤国体吗！"神宗见王安石说得有理，也就没有继续坚持。

市易法的推行，虽然有过一些曲折，但范围还是不断扩大。当时全国比较大的城市如杭州、大名府、扬州等地，都设立了市易务。这一办法收效还是比较明显的。据《续资治通鉴长编》记载，仅熙宁十年一年，开封的市易司就收得息钱一百四十三贯。这个数字相当于当时全国夏秋两税总收入的十分之三，如果加上全国各大城市中市易务的收入，那么数字就更加可观了。

(五)免役法

紧接着,王安石就推行了免役法。

宋朝的州县衙里,只有州官县令等几名主要官员是朝廷任命的,其他具体办事的人员都是由老百姓义务出工去做。比如看管官府粮仓,向省里或京里运送征收上来的财物,到乡下收取赋税,以及州县官员的跟班随从等,都要让富裕的农民义务承担。

这可不是什么好差事。没有工资报酬不说,负责收税的,收不上来税,就要以自己的家产顶税。负责向京城运送财物

的,一旦路上遇到强盗,造成损失,也要全部包赔。运到京里,负责验收货物的官员还要大大搜刮一回,百般刁难,吃饱了油水才算验收合格。因此,这些差事只能强

行摊派给各乡富户，几年轮一回。不少人家因为承担差役而破产，人们都想方设法逃避差役，有的想出各种办法，隐瞒财产、降低户数等；有的违反政府规定，在父母健在时就分家产；有的甚至流亡在外常年不归。一旦摊上差事，往往几年也完成不了。熙宁二年二月，神宗在翻阅一个案卷时，发现一个江南来的差役，负责押运的货物不过才值七两银子，但是在库吏的百般刁难下，竟在东京呆了一年多，送了几十两银子，也没能交上差，一气之下，吊死在东京汴河桥下。这件事给神宗的震动很大，从那时起他就不忘要改革差役办法。

其实，到了神宗时，差役法已经成了全社会关注的焦点，许多官员都提出了改革差役法的要求，包括司马光和苏轼兄弟，都多次上书皇帝，力陈在差役法下百姓的苦难，提出了各种解决办法。王安石推出的免役法，可谓正当其时。

王安石所创的免役法，基本做法是改变过去无偿强派劳役的办法，而是按户等收取免役钱，用这些钱来雇人当差。

应该说，免役法的制定是中国历史上的一件大事，在某种程度上它的意义超出了熙宁新法的任何一项法令。因为在历史上，劳役制是生产力发展的一大桎梏，是商品经济的敌人，严重妨碍了农村经济的发展。王安石制定的免役法，用有偿的雇佣制代替了无偿的劳役制，按经济规律，减少了农民承担差役过程中的不合理现象，无疑是社会的一大进步。

然而，任何事情从设想到落实，都要经历艰难的过程。王安石为免役法殚精竭虑，七易其稿。接受了青苗法制定过程中一些问题考虑不周的教训，他精益求精，把种种可能发生的问题都想到了。在制定之后，又把草案发给各地转运使等官员进行讨论，集思广益。在方案中，确定了这样一些原则：一是原来四等户以上都要服差役，现在三等户以上承担主要的差役钱，其余户只出少量的钱。二是原来不承担差役的官宦人家、寺庙道观，也要出钱，叫助役钱。三是在差役费用之外，还要多收一部分，作为不时之需。

在大部分官员都同意了这项法案之后，这项法案在东京郊县先试行一年，取得经验后，再向全国推广。

（六）新法效果

首先，困扰大宋王朝的最紧迫问题：财政问题解决了。原来一直入不敷出的朝廷不但实现了收支平衡，而且每年还有剩余。很快，朝廷就积累起了大量

的财富。到熙宁六年，当时的财政收入已达五千零六十贯，比神宗即位时增长了一多半。

可以说，北宋长期以来的积贫局面，基本上改观了。

那么，这些收入是从哪里来的呢？原来，青苗钱岁入三百万贯，免役钱岁计一千八百七十二贯，两项合计就有两千万贯。青苗钱的利息是纯收入，而免役钱只须用其中三分之一雇人，剩下的三分之二就可做官府的纯收入。可见，新法确实"富国有方"。

那为什么反对派一直说新法使民不聊生呢？这就要看看新法都影响了哪些人的利益。可以说，新法使社会最上层和最下层的利益都受到了一定的损害，而中间层得益最大。

为什么这样说呢？青苗法剥夺了地

主大户放高利贷的权力，并且还要强迫他们承担本来不需要的贷款，每年交百分之四十到六十的利息，他们自然怨声载道。

而一刀切的放款方式使广大百姓的利益也受到了侵害。因为即使是贫苦百姓也不是每一户都需要贷款。而执行新法的大部分地方官员在推行过程中为了增加财政收入却都是强行摊派，使许多下层人户也凭空增加了一笔负担，况且许多地方官员还擅自提高了贷款利息。在旧体制下，中国官僚的劣根性是无法彻底根除的。任何一项利民措施，如果没有绝对有效的监督手段，都会变成害民的暴政。青苗法的执行就是最典型的例子。虽然王安石在执行中对此问题一再三令五申，也收效不大。 在官府的强迫下，许多百姓为了还上贷款利

息，反不得已向大户去借高利贷。青苗法与民间高利贷相互交织，彼此助长，使贫苦百姓的生活更加困苦。因此，反对派的一些说法并非没有道理。

再来看免役法。免役法使原来享受特权的官吏之家也不得不交免役钱，而且数额比较大。对于富户来说，在实行差役法时十年轮一次差，平均一年要一百贯钱。而实行免役法之后，每年要交五百贯，是原来的五倍。可以说严重损害了他们的利益，他们当然要借官吏之口大声反对了。

而免役法在执行过程中存在着和青苗法相类似的问题：地方官为了增加收入，使原来规定不交免役钱的人家一律交钱。这种现象十分普遍，每户所交的钱虽然不多，但对原来贫困的百姓也是个不小的负担。因此有的地方出现了农民"杀牛卖肉，伐桑卖薪"来交钱的情况。由于下层人户在整个社会中占百分之八十以上，因此聚集起来，也是个很大的数额，占了免役法收入的大部分。

免役法不光收免役钱，还收"免役宽剩钱"，法定是百分之二十，但现在执行中几乎没有按这个标准执行，有的是百分之五十，有的干脆达到百分之百或者百分之二百。这样一来，财政收入自然增加，许多人也因为新法执行成效显著而升官晋级，然而广大百姓却吃了很大苦头。

然而，这些问题大部分都被基层官员掩盖了，而由反对派官员反映上来的，又由于多数人意气用事，被王安石和皇帝认为是攻击，也不以为然。这样，这些问题就不断积累起来，成为新法日后失败的导火索。

六、改革之二：强兵

（一）整军强武

宋朝自建立以来，军队人数不断增加，到宋仁宗统治时期，军队总人数已达一百二十六万人，军费开支占全部赋税收入的六分之五，成为财政上的沉重负担。这样大量的军队，不仅老弱病残，军营实际缺额严重，而且由于推行"更戍法"，军官频繁调动，造成兵不知将、将不知兵的局面。又由于缺乏训练，战斗力非常薄弱。不仅打不过契丹族建立的辽政权，就连与党项族建立的既小而弱的西夏政权作战，都难以招架。仁宗时枢密使田况对骑兵战斗力的描写，让人看了简直要发笑：沿边的守军骑兵，最精良的无过于如龙卫，而这个卫的骑兵居然有不能披甲上马的；其他的卫在训练时，皆望空发箭，马前一二十步箭即落地。以敌甲之坚，纵使能中，亦不能入，况未能中之。

这种状况促使宋神宗和王安石十分迫切地感到要提高军队素质、加强军事实力的必要，为了达此目的，变法期间推行了将兵法。

将兵法就是由朝廷选用具有作战经验和能力的将官，专门负责对某一地区驻军的军事训练。它是在吸取和总结了蔡挺在陕西泾原路带兵的实战经验的基础上制定的。蔡挺在对西夏的战争中立过战功，宋神宗即位后，任命他为泾原路的经略使。经略使是掌管一路的军事和行政的官员。泾原地处陕西，与西夏相近，是抵御西夏的要地。他到任之后，建立勤武堂，让部将每隔五天就检阅训练一次部队，使驻屯在泾原路的正规军分别由固定的将官统领，并且负责加以教练，这种做法得到了宋神宗的赞赏。熙宁五年，蔡挺被升任为主持全国兵政的枢密院副使。这年五月，宋神宗还让蔡挺把在泾原路的练兵之法在崇政殿作了一番表演，然后把这种训练办法颁布给各路。

将兵法于熙宁七年首先在开封府等路实行，后推行到全国。总计全国共设置九十二将军，将军以下有副将、部将、队将、押队、使臣等军官，还专门设有教练官，负责军队的教练事务。这样一来，就出现了兵知其将、将练其士卒的新局面，部队的战斗力得到了明显的增强。

整军方面的另一项措施是保马法。

该法是在熙宁五年五月开始试行的。古代作战，骑兵被看做是最重要的兵种，因此历代都很重视军马的饲养。宋朝的军马原来是依靠政府的牧监来饲养的，这样不仅代价高，而且也不能满足需要。原来的群牧使李中师曾经建议让民间饲养军马以节省国家开支，于是在变法期间就制定了保马法。

保马法规定，凡愿意养马的人家，每户一匹，富户可养两匹。马的来源可以是政府拨给的监马，也可以由政府给钱自行购买。养马户可免一些赋税，另外还有一些费用，但马死了要赔偿。

保马法推行，节约了政府的大量开支。按当时的价格计算，官养一匹马，每年需要二十七贯钱，而民间养马一匹所免除的折缘纳钱只合十四贯钱，每一匹马就少支出十三贯钱。同时马匹的死亡率还大大降低了，大约只有官养马匹的一半。而且保甲有马就可以练习快速追捕，进一步加强了大地主控制的保甲武装力量。可以说，保马法基本是成功的，是改革措施中弊端较少，成效较大的一个。

（二）保甲法

整军方面最重要的措施是保甲法。王安石认为，募兵制是宋朝百年来积弱的根本原因，是国家的隐患，应该恢复古代兵民合一的制度。王安石在解释保甲法的起源时说，保甲之法起源于春秋时期的"作丘甲"，商鞅在秦国实行过。由此我们可以知道王安石的保甲法是把先秦法家商鞅等人所曾实施过的法令作为借鉴，是在仿效商鞅什伍之法的基础上发展起来的。

保甲法规定，乡村民户以十户组成一保，五十户为一大保，十大保为一都保。由主户中财产最多、才干心力最强的人担任保长、大保长和都保。不论主户、客户，

家有两个壮丁以上的，都要抽一人做保丁，训练武艺。每一大保每夜都要轮差五名保丁在保内来往巡警，遇有盗贼，就报告大保长组织同保人户追捕。还规定，同保内如有人犯"盗窃、杀人、谋杀、放火、强奸、传习妖教"等案，知情不报就要连坐治罪。保内如有"强盗"居住三天以上，同保邻人即使并不知情，也要连同治不觉察的罪。

从这些规定我们可以明显地看出，推行保甲法的首要目的是在乡村中建立严密的治安网络，组织起一支由大地主控制的保甲武装，用来防止和镇压农民的反抗。当然，根据王安石的设想，保甲法的推行还有另一个目的，那就是想用保甲武装部分地取代正规军队，使之成为宋朝军事力量的一部分。这样既可以节省大量军费，又可以消减募兵制度下禁军的骄傲，从而提高战斗力，并逐步由募兵制度向征兵制度过度。

保甲法公布之后，到熙宁九年为止，开封府界和全国各路已经组成的保甲共为六百九十三万余人，其中已经进行军事训练的共为五十六万余人。这样既为禁军准备了大量的新生力量，又为整顿禁军提供了条件，初步达到王安石所期望的兵农合一的目的。

在保甲法的推行过程中，同样遭到守旧派的非议。担任大名府通判的王拱辰就曾经上书攻击保甲法夺农时影响生产，而且会导致农民不堪承受而进一步铤而走险为大盗，反复要求至少也得取消下户的义务。后来，王安石取消了下户当保丁的规定。

宋神宗与王安石之间有关保甲法的谈话，也在一定程度上反映了当时的斗争情形。有一次，宋神宗对王安石说："募兵制度下的士兵专门练

习战守之事，打起仗来可以依靠；至于民兵，是既要学习务农又要当兵，能依靠他们来打仗吗？"

王安石说："唐朝以前没有实行募兵制度，不是照样打仗吗？我认为民兵与募兵没有什么两样，重要的是在于带兵打仗的将帅怎么样！"

又一次，宋神宗批示："保甲中浮浪无家的人，不能让他们练习武艺。"

王安石说："这些人本来就武艺绝伦，又常常作奸犯科，如果不设法约束，恐怕会有严重后果。"

宋神宗说："那就把他们收到龙猛军吧。"

王安石说："还是应该按照他们的具体才能情况来作安排。"

可是宋神宗听不进去，始终认为让浮浪之人学习武艺会带来危害，觉得保甲法不如禁军法来得严密。

王安石说："当然保甲法也必须

渐渐严密起来。不过纵然有个把浮浪凶恶之人，总没有良民人多，所以不至于有什么危害。民兵当差期间可以得到较高的待遇和得重赏的机会反而去做坏事呢？假如他真的去做了盗贼，也不过只是成为别的保丁们得赏的资本罢了，有什么可担心的呢？"

说到这里，宋神宗算是打消了原来的顾虑，可又担心训练民兵的钱粮不够。于是，王安石为他算了一笔账。

王安石说："京城地区原来的军队人数自巡检来取代，一年所用的钱粮不过八万贯。以十万人代替六千人，又每年多出十万贯钱来，还担心什么钱粮不够呢？"

这些话表明，王安石对于实行保甲法是有过仔细周密的考虑的。他有理有据的论说解除了宋神宗的种种顾虑，但是仍然堵不住守旧势力的攻击。

七、天灾人祸改革失败

（一）大旱袭来

似乎是因为王安石不信上天而遭到报复，就在王安石新法推行日渐深入之时，一场北宋历史上最大的旱灾从天而降。

从熙宁六年七月起，河北路、京西路、京东路、河东路、淮南东路、淮南西路等广大地区，十月不雨。大河小溪都干

得见底，草木枯黄了，大片大片的土地龟裂开来，让人看了触目惊心。秋收、冬种、春播都被耽误了，许多地方还闹起了蝗灾，铺天盖地的蝗虫把大地上仅存的一点绿色掠去。在灾害严重的地方，树叶被吃光了，树皮被吃光了，草根也被吃光了。人们开始成批成批地饿死、逃亡。一批批衣衫褴褛的人盲目地在中原一带流亡。

报灾的奏折一封又一封飞入东京，王安石的桌案上每天都是一堆。朝廷已经竭尽全力了，可是国家存粮有限，基层官员的办事效率低下，贪官污吏不以民生为念，因此救灾效果并不明显。神宗一次次召开朝会，商议救灾办法，面对这样肆意的灾魔，群臣也只能徒唤奈何。

东京恰在重灾区，已经有越来越多的灾民涌进城内求食，昔日繁华的东京街道，现在遍布饥饿的灾民，他们破烂的衣衫、瘦得皮包骨的身躯、哀求的神情让每一位路人的心都不禁恻然。尤其是饭馆酒楼之上，他们一群群地围着桌子，可怜巴巴的眼神让食客们不得不把正在吃着的东西扔给他们，而一个包子或一碗剩饭就会引起一场争夺。进入熙宁七年二月以来，灾民在东京城内闹事的次数越来越多，酒楼粮栈和大户人家屡屡被抢，整个城市人心惶惶。神宗整日忧心忡忡，寝食不安。这个励精图治的皇帝被苦恼笼罩，他不明白自己孜孜求治，八年如一日，为什么落得个国计民生并无太大起色，现在却又天下大乱起来的结果。

自幼受严格的儒家教育的影响，皇帝对"上天"一直怀着畏惧之心。虽然经王安石屡次譬喻讲解，天子仍然不能相信"上天"乃无心之物，不与人事相关。在一次召见中，神宗忧心忡忡地对王安石说："卿向不以天象为忧，然此次旱灾凶恶，不比往常，你我君臣都当反躬自省，看看自身有没有什么做的不对之处。"

王安石虽然也因天灾而焦头烂额，但此事在他的心目中只是临时的突发性问题，在他的整个政治筹划中，绝不占中心位置。但他深为担心政敌会以此为借口对他进行攻击。因此，他尽力淡化此事。

但皇帝还是为此事困扰着。王安石见皇帝心绪不佳，就没有再说什么。第二天，皇帝从正殿移居偏殿，每天进膳时减去大部分饭菜，这叫做"避殿减膳"，是皇帝表示自我责罚、向上天认错的一种方式。

（二）流民图

地方官吏被越来越多的闹事事件惹火了。他们不想在天子脚下出什么大事，那样他们担待不起。于是，从三月底

开始，东京府开始驱赶流民出城。

禁军马队挥动马鞭到处追逐着饥饿的流民。逃躲追逐之间，马蹄声、斥骂声、鞭打声、哭叫声起伏在京城街巷。

一位30多岁的黑衣官吏每天上下朝时都会看到这样的惨景。他叫郑侠，是京城里小得不能再小的官——司法参军。他是十年前的进士，为人果敢刚毅，而且擅长丹青，曾很被王安石赏识，在南京时被王安石收为弟子，相处整整一年，研讨学术，讨论朝政，关系很好。但是，王安石为相后，他对王安石的新法并不赞同。在新法开始之际，王安石想调他进入新法班子，他婉言拒绝了。去年四月，王安石提举经义局修《三经新义》，又欲调他入局协助，他以"读书无几，不足以辱检讨"为由而拒绝，王安石一笑置之。弃高官厚禄不要而甘守清贫，王安石敬他这份操守。

郑侠自幼在孔孟的熏陶中度过，董仲

舒的《春秋繁露》和历代儒者的论说，使他深信天命的存在。他觉得这场大旱，是上天示警。新法不罢，大旱是不会停止的。他知道王安石的脾气和想法，知道劝谏王安石是没有结果的。他决定置师生情谊于度外，冒死为这些可怜的百姓申诉。于是，他利用自己的特长，在家中做了一幅《流民图》，把京城流民的种种惨状形神毕肖地描摹在纸上，准备进呈给皇帝，以使皇帝猛醒。

用了三天时间，图画好了。接着，他起草了一封奏折，写了自己献图的目的。可是，如何把这幅画呈进上去，却让他犯了愁。因为他官阶实在太小了，没有给皇帝进奏折的权利，也没有机会接近皇帝。他先是托朝中同年进士、吏部侍郎赵无极，赵无极一口回绝。他又将之送到御史台，而今的御史台已经全是王安石的人马，虽是谏诤之地，可还是没有人敢收这样的东西。这幅画，只好静静地躺在家中的案上。

不久以后，郑侠终于找到了把画卷献给皇帝的办法，原来他来到中书门下侧门，找到一个朋友想办法，那个朋友建议他可通过驿站马递之途，绕过银台司而直达福宁殿。第二天一大早，郑侠身着朝服，怀揣印记，驰马出南熏门三十里，走进驿站，佯称自己是大内派出的督察官员，有密集奏状上呈通进银司台。驿站官员见其身着朝服，不敢怠慢，即发快骑传递，奔向京都。

这封奇特的奏折就这样到了皇帝手里。这卷郑侠苦心构思的画图，生动地描绘了这场大灾的景象：面无血

色的人民、干裂的田野、焦枯的禾苗。在画图的中央，是一个人市，一个瘦弱的儿童头上插着草标，抱着大人的腿哭着不肯离去，其情其景让人落泪……

生长在深宫里的神宗，哪里见过这样的情景！他简直不敢相信自己的眼睛：这就是朕治理的天下吗？朕天天废寝忘食，兢兢业业，就得了这样的结果吗？这就是朕日夜祈求的中兴景象吗？

他拿过旁边的奏折读起来，读到奏折里对流民惨状的描写，他确实感动了。这个小小官吏的一片忠心，在奏折中卓然可见。这个小官的建议也让他心中一动：

陛下观臣之图，行臣之言，十日不雨，即乞斩臣于宣德门外，以正欺君之罪。这是多么正义凛然自信不疑的话啊！

史书上记载，看了《流民图》之后，神宗"反复观图，长吁数四，袖以入。是夕，寝不能寐"。

皇帝失眠了。第二天一早，皇帝没

有征求王安石等大臣的意见，在早朝之上直接颁布谕旨：

"在东京城广设粥厂，倾尽官府存粮，赈济百姓。命各地官员迅速详细汇报灾情。新法暂停，令天下人对新法发表意见。"

新法暂停后不久，王安石被罢相，反对变法的大臣上台。虽然熙宁七年，王安石又得以复相，但是变法无法再推行下去。王安石变法以失败告终，但他毕竟为了扭转大宋王朝的命运而做了努力，作为后人我们应该记住变法的积极作用。

八、晚归钟山黯然辞世

熙宁九年，王安石携带家人回到江宁府。在江宁城东门外的一座山的半山腰，购买了一处低洼积水之地，开始建造自己的园林。园林建成后取名半山园。在这里王安石度过了他的晚年生活。

寻山问水是王安石一生的喜好，大自然永远是他的朋友。在繁华喧闹的东京呆了七年之后，他像倦鸟归林，无时无刻不想与大自然相依相伴。

在离开东京时，神宗曾赐给他一匹马，说送给他做脚力。王安石又买了一头驴。凡出游，或骑马，或骑驴，不坐轿。有人建议他，年龄大了，骑马不安全，不如坐轿子。王安石回答说："拿人当牲口，不习惯。"

在熙宁十年后的江宁，农民们经常可以看到一个老者，穿着普通的宽衣，骑着一匹黑驴，旁边走着一个迟钝的骑驴汉子，在野外四处漫游。说是漫游，因为王安石出游，随随便便，无预定目的地，完全凭兴致。

好佛、道的思想和感情有了进一步发展。儿子的死对他的打击是致命的。在这突如其来的打击下，他自然而然地选择了佛教作为精神避难所。听讲佛法、读经、研习佛道义理成了他生活的重要部分。王安石晚年所读的佛经主要是《维摩诘经》和《楞严经》，所信奉的主要是禅宗。在王安石晚年的诗里，随处可见禅的气息。有许多诗,本身就是用禅宗语言。

此外,与朋友相往来,也是王安石晚年生活的重要内容。在晚年交往的对象中,只有吕嘉问是昔日变法派成员,他的得力助手。其他都是一些"处士",他们讨厌科举,放浪形骸,孤介寡合,独来独往。此时,与之交往密切的,其中有俞秀老、俞清老、杨德逢等。王安石经常与这些处士交流一生的心得和感悟,还有一些很容易沉浸和陶醉的事情。

元祐元年(1086年)四月,王安石的心脏停止了跳动,终年68岁。中国历史上一位大名鼎鼎的变法宰相,一位满腹经纶、才思睿智的博学文臣,一位性情豪迈、卓尔不群的士人,就这么永远地去了。

在王安石身后长达千载的岁月中，人们对他的褒贬毁誉，莫衷一是。不管怎样，一个谁也无法否认的事实：王安石，在中国历史上曾写下令后人永远争论不已的一页。然而，争议本身就意味着价值。